Das Buch

MOIN

Na denn man tau

LAPPAN

Am frühen Morgen des siebten Schöpfungstages überlegte Gott, welche Grußformel er den Menschen an der See geben sollte. Er stellte sich auf den von ihm erst vor ein paar Tagen geschaffenen Deich und rief einem Fischer auf seinem Kutter mit lauter Stimme zu: *„Guten Tag allerseits!“*

Aber der Fischer reagierte nicht. Gott, im Glauben an seine eigene Schöpfung, versuchte es weiter mit den Floskeln *„Ahoi, Matrose“*, *„Glück auf“*, *„Tagchen“* ..., bekam jedoch keine Reaktion. Aus lauter Verzweiflung über die Missachtung des Fischers machte er auch vor einem, in dieser Weise eigentlich eher unsinnigen, *„Grüß Gott!“* nicht halt. Weil dies alles aber keine Reaktion bei dem Fischer hervorrief, setzte Gott sich enttäuscht auf eine von ihm frisch erstellte Bank und starrte in die Weite des Meeres.

„Diese Weite ...“, dachte er, *„... dieser herrliche Sonnenaufgang, die salzige Luft, das hochkehlige Geschrei der Möwen, das mir schon am fünften Tag der Schöpfung so gut gefiel, ... das alles muss sich doch in einer unverwechselbaren Grußformel zusammenfassen lassen.“*

Aber ihm fiel auf Deubel komm raus einfach nichts Passendes ein ...

... und zum allerersten Mal war Gott am Ende seiner Weisheit.

Doch dann sah er einen anderen Fischer, der sein Boot gerade an den neuen, feinkörnigen Sandstrand zog. Nun erblickte er auch ein zweites seiner Geschöpfe, wie es sich langsam und gemächlich dem Fischer näherte. Der Zweite verlangsamte seinen Schritt und meinte, wie ganz nebenbei und fast so, als wäre es an jemand ganz anderen gerichtet: *„Moin."*

Schon wenige Augenblicke später kam es vom anderen Fischer gleichsam zurück: *„Moin."*

Dann stellten sich beide nebeneinander, blickten aufs Meer und nach einiger Zeit meinte der Zweite wieder: *„Und?"*, worauf der Fischer erneut etwas Zeit verstreichen ließ, um dann zu entgegnen: *„Ja nee, muss ja!"* Danach gingen beide wieder glücklich ihres Weges und setzten ihr Tagwerk fort.

„Moin!“, dachte Gott beeindruckt, *„... einfach nur ‚Moin‘. Im Kern simpel und dennoch die ganze Tiefe und Sinnhaftigkeit meiner Schöpfung beinhaltend. Da hätt‘ ich mal selber drauf kommen sollen!“*

Sprachs, dachte daran, wie er gerade sieben Tage am Stück durchgeknüppelt hatte und legte gepflegt die Füße hoch. Und erst nach einer ganzen Weile meinte er selbstzufrieden und ganz laut zu sich selbst:

Na denn.
MOIN!

Moinologie

kommt ursprünglich aus dem Niederländischen (moi = schön) und war Teil der Begrüßungsformel ***Een moien Dag*** („Einen schönen Tag!"). Eine Zeit lang galt mit „Moin" zu grüßen als ein wenig unfein, mittlerweile aber ist „Moin" das Identifikationswort der gesamten deutschen Küstenregion:
Arm, reich, gebildet oder eingebildet ... egal; mit einem ehrlichen „Moin" auf den Lippen kann man sich hier überall sehen lassen.

Norddeutschland ist **MOIN**land.

Und nun endlich hat dieses wunderbare, eine ganze Region zusammenführende, Wörtchen sein eigenes Buch!

Na denn.
MOIN!

Bei uns im Norden gilt:

WASSER UND GETRÄNKE GERNE NASS, ABER DER HUMOR BLEIBT TROCKEN!

Three Shades of **MOIN**

Moin!

„Moin“ geht immer und überall. Ob morgens, mittags oder abends!! Einfach *„Moin“* und alles ist gut, passt immer. *„Moin“* kann für alles stehen, von *„Na, ihr Arschlöcher, auch wieder da?“* bis zu *„Ich liebe dich, möchtest du mich heiraten?“*

Moin, Moin!

Vorsicht: *„Moin, Moin“* gilt für viele schon als ein wenig schwatzhaft und in seiner Überschwänglichkeit unnötig: *„Was' los? Has' im Lotto gewonn'?“* Schließlich ist das Leben an der Küste hart und entbehrungsreich! Da muss man nicht gleich durchdrehen und mit einem Doppelmoin quasi intim werden. *„Moin, Moin“* also nur im allergrößten Notfall oder im Vollsuff.

Moinsen!

Ist der *„Tschüssikowski“* unter den Moins. Gut für Lerner, die sich mit einem echten, beherzten „Moin“ noch schwer tun, wird aber auch von Spaßvögeln benutzt: *„Man muss auch ma was Anneres machen.“* Wenn Sie es selbst praktizieren wollen: Die authentischste Betonung liegt auf dem „-sen“. Ganz Überkandidelte bringen auch schon mal ein schon leicht zwanghaftes und eher grenzwertiges *„Moinsensen“* hervor.
Als Sonderform des Moinsen zu betrachten ist übrigens das aufstrebend-jugendliche *„Moini“*, das man auch benutzen kann, wenn man meint "Na prima, da haben wir den Salat".

Aber auf gar keinen Fall bitte: Moinsikowski, Moininger, Moinle und Moinomat!

DIE 5 GENITIVFORMEN DES MOINLANDS

Norddeutsch ist die einzige Sprache der Welt, die **fünf verschiedene Genitivformen** kennt:

1. Genitiv normativus: *Axels Frau, Tina*

2. Genitiv plus, mit „sein/ihr": *Axel seine Frau, Tina*

3. Genitiv dativus: *Axel ihm seine Frau, Tina*
(Wem seine Frau?)

4. Genitiv akkusativus: *Axel ihn seine Frau, Tina*
(Wen seine Frau?)

5. „Blaublut-Genitiv":
Bei dem sogenannten Blaublut-Genitiv wird das Genitiv-Objekt mit einem vorgestellten „von" geadelt (und zum Dativ), wie in diesem typischen Paardialog:

– *„Welche Tina meinst du denn?"*
– *„Na, Tina von Axel!"*
– *„Ach, Tina von Axel! Sag das doch gleich!"*

DIALOGE, SO SCHÖN WIE DER NORDEN
Ist hie
eigen
imme
so vie
Wiiiiiii
WIND?
WELCHER WIND?

GROSSE MOINTROPOLEN DES NORDENS

KIEL

Wie heißt ein Kieler mit zu viel Rum im Tee?

TEE-KIELA

KIEL fängt da an, wo die Autobahn aufhört, und zwar plötzlich und ohne jede Vorwarnung, so, als ob ein verrückter Gott nach einer durchzechten Nacht nicht mehr wusste, wohin mit ein paar überzähligen Backsteinmehrfamilienhäusern ... Und dann hat er sie einfach mitten auf die Autobahn geknallt.

Wenn man **KIEL** von Ost nach West durchfahren will, braucht man mindestens eine halbe Stunde und denkt: „Meine Fresse, was für eine große Stadt", in Wahrheit aber ist Kiel nur ein schmaler Schlauch, ganz raffiniert der Länge nach um die Förde drumrumgelegt.

Ansonsten hat jeder fünfte **KIELER** schon frühmorgens windzerzaustes Haar, jeder vierte **KIELER** ist Handballprofi, jeder dritte fährt mit dem Boot zum Brötchenholen, jeder zweite **KIELER** ist eine Möwe und jeder in **KIEL** kann – wenn er will – mit dem Linienbus zum Strand fahren. Zum Beispiel (Angeberwissen) nach Kalifornien (10 km) oder nach Brasilien (12 km).

MOIN! ... Und dann?

SO GRÜSSEN SIE RICHTIG!

Stellen Sie sich Möwengeschrei vor, eine wogende Brandung und dann diesen (nur scheinbar knappen) Dialog:

MOIN!
Und?

Ja nee...
Muss ja!

„Was für ein schmallippiges Gespräch“, könnte man denken. Wer jedoch im Norden zu Hause ist, weiß, wie viel Inhalt ein Einheimischer in diesen wenigen Zeilen übermittelt! Denn richtig übersetzt bedeutet dieser Dialog Folgendes:

ÜBERSETZUNG

„Moin.“ „Lieber Freund, ich grüße dich und wünsche dir – ohne in irgendeiner Form aufdringlich wirken oder dir vorschreiben zu wollen, dieses „Heute“ ebenso als angenehm zu empfinden wie ich – einen schönen Tag.“

„Und?“ „Sag selbst: Wenn du das Leben so betrachtest, denkst du, dass es sich weiterhin in seiner von uns wahrgenommenen Art fortsetzt, sodass ein „Und“ durchaus treffend unseren Glauben signalisiert, dass es auch heute schon irgendwie weitergehen wird?“

„Ja nee“ „Ist im Leben nicht alles subjektiv? Gibt es ein eindeutiges ‚Ja‘ zu den Kuriositäten des Daseins? Beobachtest du nicht auch vielerorts ein teilweise energisches,

allgegenwärtiges ‚Nein' zur Dinglichkeit dieser Welt? Und ist es nicht letztlich beides: Yin und Yang, ein einziges großes ‚Ja-Nein'?"

„…" „Lass mich – ob der Tiefe des vorangegangenen Gesprächs – die Nuance einer Sekunde verharren, um mich zu sammeln, bevor ich dir Folgendes sage":

„Muss ja!" „Denn wenn ich den lebensfrohen Seelenkern des in sich ruhenden Nordmenschen sehe, im Kontrast zur Kargheit und manchmal Widrigkeit der Küstenregion, dann denke ich, „Schopenhauer, Kant und Konsorten, ist das nicht alles unnötiges Gesabbel?"

WISSENSCHAFT DES NORDENS

Seit Jahren vermutet:

„Jo" ist wirklich ein ganzer und eigenständiger Satz!

Hier der endgültige Beweis:

„JO."

Subjekt! Prädikat! Objekt!

Na also.

MOIN!

Ein Moin sagt mehr als 1000 Worte

Und deshalb
gilt „Moin, Moin"
für viele schon
als Gesabbel.

DIE SCHMUDDELTOUR VON DÄNEMARK BIS HEIDE

Mhh!

MOIN!

LANDESTYPISCHE GERICHTE

TRADITIONELLE HAMBURGER KÜCHE

Aus der Hamburger Küche bekannt sind vor allem ***Aalsuppe*** und ***Hamburger Pannfisch***. Das Problem nur: Beides sind in Wahrheit Resteessen, die durch flotte Namensgebung – heute würde man sagen: „einen guten PR-Trick" – tourismusgerecht aufgewertet wurden.

Denn in der ***„Aalsuppe"*** tummelt sich ursprünglich gar kein Aal. „Aal"-Suppe kommt von „Aal rin in de Supp", also „Alles, was übrig ist, kommt rein in die Suppe" und erst heutzutage finden sich neben Backobst auch regelmäßig Aalstückchen darin.

Und ***„Hamburger Pannfisch“*** waren im Original Fischreste und Kartoffeln vom Vortag. Da war mit Glück gerade einmal die Senfsauce frisch.

Sogar ***„Birnen, Bohnen und Speck“*** – ein weiterer HH-Klassiker – scheint in seiner ungewöhnlichen Zusammensetzung eher aus der Not geboren als den Visionen eines genialen Drei-Sterne-Kochs entsprungen.

Zum Glück und zur Ehrenrettung Hamburgs gibt es südlich der Elbe das kleine Dörfchen Finkenwerder, das im fünfzehnten Jahrhundert eingemeindet wurde. Die hier zubereitete ***„Finkenwerder Scholle“*** (auch Finkenwerder Speckscholle oder Kutterscholle), eine fangfrische, in Butter und mit Speckstückchen in der Pfanne gebratene Scholle, ist kein Resteessen, sondern genau so gewollt und etwas, das jeder Besucher der Stadt einmal gegessen haben sollte.

KLEINE KÜSTENKUNDE

STRAND

STRANDFOLGE. Wer am Strand wo baden darf, ist an den Küsten des Nordens klar geregelt. Die Reihenfolge ist fast immer: Textilstrand, Bootsstrand, FKK-Strand, Hundestrand, Schwulenstrand und dann kommen die ganzen Eigenbrötler oder besser „Individualisten".

TEXTILSTRAND. Hat den schönsten Sand, keine Steine beim Einstieg ins Wasser, Cafés und Restaurants in fußläufiger Nähe. Vom Parkplatz in nur wenigen Minuten zu erreichen.

FKK-STRAND. Wer Freikörperkultur will, sollte zumindest Badeschuhe dabeihaben, denn hier barfuß ins Wasser? ... Viel Spaß. Hier liegen immer Steine. Und zwar so gezielt ungünstig, dass man sich regelmäßig die Füße wund tritt.

SCHWULENSTRAND. Nicht offiziell ausgewiesen, aber schon immer da und natürlich der am weitesten vom Parkplatz entfernte Strandabschnitt. Fußmärsche von ca. 20 Min. einkalkulieren.

HIPPIE-, EIGENBRÖDLER- UND IN-RUHE-GELASSEN-WERDEN-STRAND. Da, wo das Meer zur Steilküste gerade mal ein Meter Platz für ein halbes Handtuch lässt, wo unter der Klippe Erdrutschgefahr herrscht und nur noch dicke Steine herumliegen. Hier hat man ansonsten aber wunderbar seine Ruhe.

WEST COAST - EAST COAST

„Die norddeutsche Seele denkt nur in Süd und Nord“, wusste schon Goethe (Walverwandtschaften). Denn niemand in bspw. Timmendorf würde je auf die Idee kommen, nach St. Peter Ording zu fahren: *„Was willst' da denn?“* Andersherum das Gleiche. So gibt es westlich von Lübeck eigentlich nur Autobahnen von Nord nach Süd.
Aber eben nicht von Ost nach West (okay, die eine oder andere ist angedacht oder in Teilstücken vorhanden; beide aber werden von entschlossenen Traditionalisten erfolgreich am Vorankommen gehindert). Wer also von Wilhelmshaven nach Hamburg will oder von Meldorf nach Kiel, der muss Umwege fahren oder sich über schlaglochübersäte, staugeplagte Bundesstraßen quälen. Und wer das ändern will, muss umziehen. Der Effekt ist, dass sich eine Mehrheit von Dithmarschern wunderbar auf Mallorca auskennt, jedoch vom Ort Grömitz an der Ostsee noch nie etwas gehört hat. Diese Nord-Süd-Präferenz gibt es nicht nur beim Anlegen von Schnellstraßen, sondern zeigt sich bei Nordlichtern als ganz allgemeine Orientierungslosigkeit. So liegt Nordfriesland von Ostfriesland aus gesehen ganz klar im Osten und Ostfriesland im so ziemlich westlichsten Teil des deutschen Nordens.

Na also.

MOIN!

WISSENSCHAFT DES NORDENS
SPUREN IM SAND

Was denken Norddeutsche
morgens zwischen sieben und neun
allein am Strand?

INSELN UNTER SICH

ACH SYLT,

nun tu mal nicht so geil, bei uns ist mehr als nur die Küste steil. Abends wird bei dir doch nur gepennt – reines Verseh'n, dass man dich Eiland nennt. Von mein' Lang'strand, oh wat für'n Glück, fehlt nach der Sturmflut nie ein Stück.

„Tüdelig“

Tüdelig ist jemand, der so ein wenig ***bräsig*** rüberkommt. Also noch nicht so richtig ***mall***, aber schon ein bisschen ***dösig***, und der Schwierigkeiten hat, wenn Dinge so ein wenig ***fickelinsch*** werden. Aber nicht, was Sie jetzt denken, also so ***klötenlahm*** oder so ... nein, nein.

Eher mehr so ***töffelig*** und weniger ***quattsk*** oder ***unnöselig***. Auch nicht ***duddig*** oder ***beknoopt***.

Eben so ***drömig, dörnanner, brägenklöterig*** oder auch ***verdwolen***.

Tüdelig halt. TÜ-DE-LIG.

Ist das denn so schwer zu verstehen!?!

BERNSTEIN

DAS GOLD DES NORDENS ?

Mal ehrlich: Das Zeugs ist teuer und soll bei was helfen? Zahnen? Zecken? Flöhe? Hand aufs Herz: Sind wir Babys? Sind wir Hunde? Na, also! Wir brauchen Bernstein mit neuen, brauchbaren Features! Zum Beispiel:

BERNSTEIN HILFT BEI(M)

- Parkplatzsuche für Strandbesuch
- Finden eines ruhigen Plätzchens in Wassernähe
- Abwehr von dicken Kindern, die mit tropfendem Eis über das eigene Handtuch oder mit offenem Mund durch meine Sandburg latschen
- Lauten Störgeräuschen von anderen Strandkörben: Stellt nervtötende Strandnachbarn automatisch auf „mute".

DIE DREI GRUNDSÄTZE VON MÖWEN

MEIN ***Strand!***

MEINE ***Pommes!***

MEIN ***Fischbrötchen!***

ACHTUNG: Wenns zuckt, ist noch Mensch mit dran!

KLEINE KÜSTENKUNDE

HUNDESTRAND

DER HUNDESTRAND. Sie sitzen an einem unserer schönen Strände und denken: *„Meine Fresse, ist das voll hier. Und wie sich die Leute benehmen, unmöglich!“?* Dann machen Sie zur Linderung Ihres Missbefindens einfach mal einen Ausflug an den sogenannten „Hundeabschnitt“. Wenn nicht ausgeschildert, entfernen Sie sich einfach so weit vom feinsandigen, schönen Teil des Strandes, bis sie denken: *„Himmel, wer soll denn freiwillig so weit latschen?“* Dort ist dann der Hundestrand. Und was Sie hier sehen, wird Sie nie wieder über Ihren Textil-, FKK- oder Bootsstrand nörgeln lassen.

Denn am Hundestrand herrscht traditionell das freie Spiel der Kräfte, streng nach der Regel: Die Hunde, die sich am ehesten wie die Axt im Wald aufführen, also kleinere Hunde zerbeißen, auf die Laken anderer Leute pinkeln, kleine Kinder umwerfen, Taschen anderer Gäste nach Essbarem durchwühlen ... diese Hunde laufen hier am ehesten ohne Leine herum. Und deren Besitzer haben die Fähigkeit, sich ab Betreten dieses immer sehr eng begrenzten Geländes wie ein Superheld unsichtbar zu machen, sodass der Ruf: *„Wem gehört eigentlich dieses ausgemachte A.sch.och von Hund? Hallo?“*, in der Regel ungehört verhallt.

GROSSE MOINTROPOLEN DES NORDENS

Flensburg

Flensburg in Zahlen

Jeder 10. Flensburger ist Handball-Championsleague-Sieger.
Jeder 9. Flensburger ist Däne.
Jeder 8. Flensburger ist eine Bierflasche mit Bügelverschluss.
Jeder 7. Flensburger war mal bei Beate Uhse angestellt.
Jeder 6. Flensburger guckt aus dem Fenster und denkt: „Wasser."
Jeder 5. Flensburger kennt den Spruch „Flensburg ist wie Payback, nach acht Punkten gibt's ein Fahrrad".
Jeder 4. Flensburger kennt den Witz „Hier; eben beim Kraftfahrtbundesamt: Der Mannschaftsbus des ______________________ (HSV/Werder Bremen/Hansa Rostock) schon wieder. Die brauchen unbedingt Punkte."
Jeder 3. Spieler vom Fußballclub „Weiche Flensburg" fände „Härte Flensburg" besser.
Jeder 2. Flensburger findet Witze über dänische Einkaufstouristen unangebracht.
Und jeder Flensburger antwortet dänischen Tagestouristen deshalb auf die Frage nach Flensburgs größten Sehenswürdigkeiten charmant mit:

- Tuborg, die 0,3 L-Dose, jetzt für sagenhafte 69 Cent.
- Das 5-L-Fass Budweiser für unschlagbare 9.99 Euro.
- Apérol, ab zwei Flaschen nur 8,86 Euro.

Mhh!

MOIN!

LANDESTYPISCHE GERICHTE

GRÜNKOHL

„Wer im Urlaub Palmen will, braucht nicht bis nach Mallorca hin!“, sind sich die Landwirte des Nordens sicher. Schließlich gibt es den Grünkohl, die sogenannte Oldenburger Palme!

Denn wenn es im Herbst so langsam wieder richtig kalt wird, dann ist Grünkohlessen Kult. Am besten zusammen mit anderen, der Klein- oder der Großfamilie oder als Einladung zum Grünkohlessen mit oder bei Freunden. Und auch mit den Firmenkollegen geht man mindestens einmal Grünkohl essen.

Je nach Landstrich gibts zum Grünkohl Grützwurst, in Bremen oder Oldenburg sogenannte Pinkel, woanders

Kohlwurst (auch Lungen- oder Lungwurst genannt) und dazu Kasseler und Kartoffeln.

Wer im Herbst also durch die norddeutschen Lande reist, wird immer mal wieder Einheimische sehen, bei denen etwas Kleines, dunkelgrün Buschiges zwischen den Zähnen hervorlugt: Grünkohl. Denn das fisselige Zeug bekommt man meist nur unter Einsatz von Zahnseide wieder heraus.

Diese „Grünkohl-Leaks" sind den Nordlichtern aber gar nicht peinlich, im Gegenteil. Es signalisiert der Außenwelt ganz klar: *„Ich komme gerade vom Grünkohlessen: ICH GEHÖRE SOWAS VON DAZU!"*

Und so soll es Einzelne geben, die sich jeden zweiten Nachmittag künstliche Grünkohlstückchen in die Zahnzwischenräume drücken, um den anderen zu zeigen, wie beliebt sie doch sind, weil sie sich vor Einladungen zum Grünkohlessen kaum retten können!

„Angeschickert“

Wenn die Vermietung Ihrer Ferienwohnung morgens zu Ihnen sagt: ***„Moin! Ihr wart gestern ja auch leicht angeschickert, nä?"***, dann meint sie damit nicht Ihre schicken Multifunktionsjacken und auch nicht die schicken Wildleder-Birkenstocks, die Sie sich im Watt ruiniert haben, sondern will stattdessen ganz unvoreingenommen darauf hinweisen, dass Sie am Vortag

- ganz schön *breit* waren
- extrem die *Lampen anhatten*
- *lattendicht* waren
- schwer einen *im Kahn* hatten
- nicht mehr nur *leicht duhn*, sondern *voll hackenstramm* waren
- also letztlich *stockbesoffen* rüberkamen.

In höflichem Norddeutsch freundlich zusammengefasst als: ***„leicht angeschickert“***.

Der Norddeutsche

IST DIE EINZIGE SPEZIES, DIE TROTZ MÄCHTIG EINEM IM TEE VOM WESEN HER IMMER NOCH TOTAL NÜCHTERN SEIN KANN.

„Die Sprache der Inuit hat weltweit die meisten Worte für Schnee...“

GESCHENKT!

DENN DAS NORDDEUTSCHE HAT DIE MEISTEN WORTE FÜR WATT:

Watt
Sandwatt
Schlickwatt
Mischwatt
Felswatt
schlickiges Mischwatt
sandiges Mischwatt
felsiges Mischwatt
sandiges Felswatt
schlickiges Felswatt
sandiges Schlickwatt
felsiges Schlickwatt
schlickiges Sandwatt
Wattsand
schlickiger Wattsand
felsiger Wattsand
sandig-schlickiges Mischwatt
schlickig-sandiges Mischwatt
sandig-felsiges Mischwatt
felsig-sandiges Mischwatt
sandig-felsiger Schlick
felsig-sandiger Schlick
schlammig-schlickiges Watt
schlammig-schlickiges Felswatt
schlammig-schlickiges Mischwatt
schlammig-schlickiges Sandwatt
schlammig-schlickig-sandiges Watt
schlammig-schlickig-felsiges Watt
schlammig-schlickig-felsiger Wattsand

KLEINE KÜSTENKUNDE
BRÄUNUNGSTYPEN

BEGINNER

Relaxbräune entsteht, wenn man sich nach dem Frühstück (so gegen Mittag) zum Strand schleppt und dort dann so lange zwischen Badetuch und Strandkorb hin- und her wälzt, bis die Haut zur Einsicht kommt, jetzt einfach mal einen dunkleren Teint anzunehmen. Relaxbräune lässt sich mit geringem Aufwand durch das Herumlungern in Straßencafés oder durch ausgedehnte Nickerchen auf den Balkons und Terrassen des Nordens noch veredeln. Hübsche Nuancen der Relaxbräune sind die sogenannten Waschbärenflecken - im ansonsten tadellos rotbraunen Gesicht - verursacht durch große Sonnenbrillengläser.

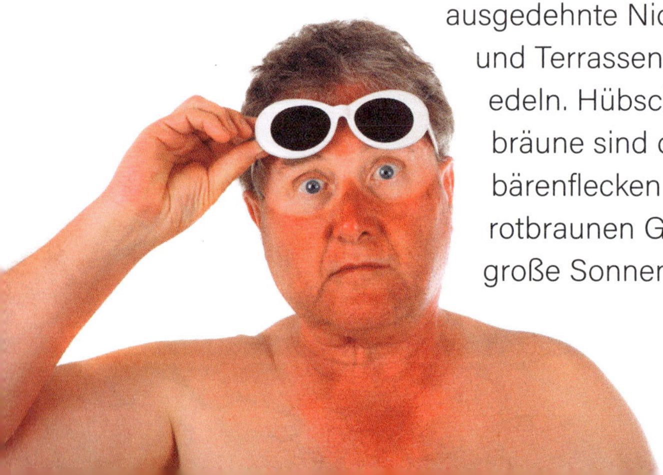

PROFIS

Respektbräune hingegen muss man sich schon früh morgens durch harte, ehrliche Arbeit am Strand erwerben: Burgen bauen, Gummiboote aufpusten, Volleybällen hinterherhechten, Strandsteine sammeln …

Die Respektbräune setzt sich zusammen aus der altbewährten *Bückbräune*, gemeinhin auch Maurerdekolleté genannt, und einem farbintensiven tiefroten, später nachgebräunten Nacken. Bisweilen kommen auch puterrote Ohren oder bei leicht Kahlköpfigen eine rot schimmernde Glatze dazu. Respektbräune bedeutet Körperregionen in munteren Farbabstufungen zwischen Weiß, Hellbraun, Dunkelbraun und Feurigrot.

Wenn Menschen mit Respektbräune abends ein küstennahes Restaurant betreten, erwartet sie meist ein anerkennendes Nicken von Gästen und Personal, das in der Regel gut über die Schmerzen der einen oder anderen Sonnenbrandstelle hinweghilft.

ÜBUNG MACHT DEN MEISTER

~~Ein echter Hamburger ist ein Fischbötchen~~

~~Ein echter Hamburger ist ein Fischbrötchen~~

Ein echter Hamburger isst ein Fischbrötchen

MOIN ist die Seele des Nordens

Mit seinem ersten Wort am Tag sagt der Norddeutsche gleich alles über seine Umgebung, über sich und seine Lebensphilosophie.

MOIN IST …

sozial verträglich. Denn bei Moin sind wir alle gleich, Moin grenzt niemanden aus, es bezieht sogar alle mit ein. Bei Moin wird man auf freundliche Art „geduzt", ohne dass es anmaßend klingt.

ein One-for-All-Tool. Moin geht zu jeder Tageszeit, morgens Moin, mittags Moin, abends Moin.

leicht zu handhaben. Sie sagen einfach nur „Moin" und prompt kommt es „Moin" zurück. Oder sogar „Moin, Moin" * Einfacher geht's nicht.

sparsam und effektiv zugleich. Tausende von Kaffeebechern in Souvenirshops können nicht irren: Ein einzelnes Moin sagt wirklich mehr als 1000 Worte.

jedes Mal ein tiefer Blick in die Seele des Norddeutschen, wie dieses Buch beweist (siehe v. a. Kapitel „So grüßen Sie richtig" auf S. 18–20).

* Grußpostkarten warnen zwar: „Moin, Moin ist schon Gesabbel", in Wahrheit aber ist es durchaus gebräuchlich, auf ein freundliches „Moin" auch mal mit einem ebenso frohen „Moin, Moin" zu antworten; nur eben nicht andersherum, also nicht mit „Moin, Moin" starten, denn dann kommt es garantiert (und mit Recht) zurück: „Was' los? Hast Sabbelwasser getrunken?"

GROSSE MOINTROPOLEN DES NORDENS

HAMBURG

„Ja, in Hamburg haben wir viel Verkehr!"

Sprichwort auf St. Pauli

Viele Hamburg-Touris kommen in die stolze, aber auch leicht arrogante Hansestadt, weil sie das Wort „Rotlichtviertel" neugierig gemacht hat.

Was sie nicht wissen: „Rotlicht" bezieht sich vor allem auf das merkwürdige Verständnis des Wortes „Verkehrsfluss" durch die Planer des Hamburger Straßenverkehrs.

Wer hier bspw. zwischen Rissen und der Innenstadt auch nur die Spur einer grünen Welle sucht, ist hoffnungslos verloren. So verloren wie jemand, dessen Navi am Siemersplatz in Richtung Hagenbecks Tierpark „links abbiegen" zeigt, er auf Wunsch der tüchtigen Hamburger Stadtplaner aber an der Ampel rechts abbiegen muss, um nach links zu kommen!

Aber in einer Stadt, wo eine viel befahrene Einbahnstraße zweimal am Tag einfach ihre Richtung ändert, wo der Elbtunnel nur deshalb eine vierte Röhre bekommen hat, damit wöchentlich eine der drei anderen Röhren zum Durchlüften (?) gesperrt werden kann und wo neue Fahrradwege als sogenannte „Suizidstreifen" mitten auf die Autofahrbahn gepinselt werden, wundert einen gar nichts mehr.

FÜR UNSERE INTERNATIONALEN GÄSTE:

It's „Moin“, simply „Moin“

day, night, anytime!

TOURIFALLEN

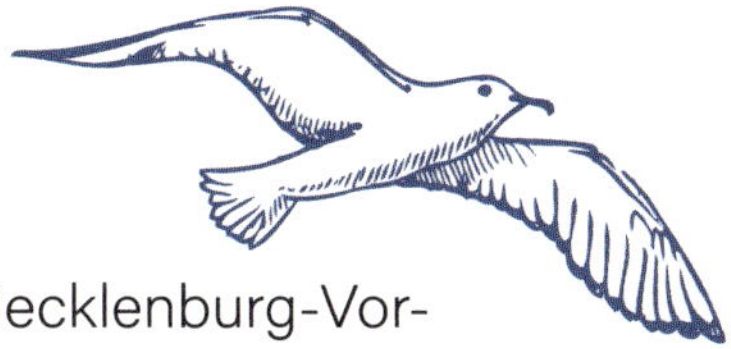

„CK“ Wenn man sich an der Küste von Mecklenburg-Vorpommern mal so richtig Feinde machen will, dann spricht man „Mecklenburg“ aus wie seinen Reimzwilling „Tecklenburg“, also „Mekklenburg!“ **SÜNDE!** Richtig gesprochen ist es „Meeecklenburg“. Aber auch im Bremer Umland haben sich einige Spaßvögel gedacht: „Mal sehen, was passiert, wenn wir statt eines ‚k‘ ein ‚ck‘ schreiben, da finden sich bestimmt genügend Deppen, die ‚Bockel‘ anschließend wie ‚Gockel‘ sprechen (ha ha ha)“. Denn richtig heißt es „Boookel“. Und in Hamburg heißt es „Hagenbeeek“.

„V“ SATT „F“ Wo Schleswig-Holsteiner und Mecklenburger also auf Aussprache setzen, um Touris dranzukriegen, testen Bremer und Niedersachsen ihre Zugereisten durch eigenartige Rechtschreibung: Statt „Wilhelmshafen“ besteht man hier auf „Wilhelmshaven“, „Bremerhaven“ und „Cuxhaven“. **Wer's falsch schreibt, outet sich als Vollpfosten.** Wer im Jahr drauf aber an der Ostsee Urlaub macht, wird sich wundern: „Heiligenhafen“ schreibt sich ganz brav mit „f“. Aber dafür schreibt sich in dieser Ecke des Landes „Punker“ so: Panker.

INSELN UNTER SICH

AM RUM!
Föhr dich immer
noch Amrum!

KLEINE KÜSTENKUNDE

KURTAXE

KURTAXE. Kurtaxe ist leider nicht der Weg direkt zum Wasser mittels eines Taxis. Das würde da auch gar nicht hinkommen, ordentliche Strände im Norden sind eingezäunt wie früher die DDR und wer trotzdem dahin will, den erwartet Kurtaxe! Kurtaxe ist so eine Art Strand-GEZ, die Zwangsabgabe zum Betreten des Sandes und alle fragen sich vor dem Bezahlen: *„Warum eigentlich? Ich musste doch schon für den sündhaft teuren Parkplatz abdrücken. Sind denn dann wenigstens der Strandkorb und ein Freigetränk bei der Kurtaxe mit drin?“* Nein, sind sie nicht. Und wenn Sie dann pro Person nicht unter 1.30 € gezahlt haben – und Ihnen nun alle drei Minuten wahlweise ein Ball an den Kopf geschossen wird oder die Strandtuchnachbarn Ihnen von den anderen Seiten laute Technobeats um die Ohren hauen – werden Sie sich nun fragen: *„Wofür habe ich denn jetzt eigentlich Kurtaxe bezahlt?“* Die Antwort ist ganz einfach: Ohne Kurtaxe würde der gut gebräunte Mann mit der Mütze, der alle vier Stunden die Badegäste kontrolliert, ja ganz umsonst über den Strand huschen. Und umsonst, nee, umsonst ist hier gar nichts!

SZENEN EINER EHE

Mit einem Surfer

Du wolltest mir doch vorgestern mit den Möbeln helfen...

ES WAR WIND.

Und gestern wollten wir uns in der Stadt treffen...

WIND!

Und wieso liegst jetzt den ganzen Tag auf dem Sofa?

FLAUTE.

WAS IST WAS am Moin-Strand?

DER RHEINPFÄLZISCHE LASTENSCHLEPPER

Bildet mit Familie und Landesgenossen meist regelrechte Lager am Strand, die rundherum durch Windmuschelanhäufungen markiert, mit Windschutzzäunen verstärkt und durch einen Sandburgwall final geschützt werden.

Die fast schon wohnungshafte Innenausstattung dieser Burganlagen wird vom Kurpfälzer im Familienbus jährlich einmal in den Norden verfrachtet und dann im Bollerwagen über Düne, Deich oder den Steilküstenhang unter Fluchen zum Strand hinunter geschleppt:
„Warum muss mer do immer derrer Deisch (oder diese Düne ...) do hoch un nunner laafe? Do wersch du jo bekloppt!"

Denn so sehr das Lagerbildungs-Gen ausgeprägt ist, der Lastenschlepper vom Rhein verfügt über wenig Bewusstsein für die Gefahr überlaufender Wassermassen: *„Den solle se wegmache, den Deisch! Isch sach der's! Des is doch reine Schikane!"*

Und so wundert sich der Norddeutsche überhaupt nicht, wenn er jeden Herbst und Winter in der Tagesschau Bilder von übergetretenen Flüssen, vollgelaufenen Kellern und gänzlich überraschten Bürgern aus Rheinland-Pfalz sieht.

TIPP: Wer das Thema „Küstenschutz" mal beim gemütlichen Zusammensitzen anschneiden möchte: Bitte den Rhein- und Weinländer nicht zusätzlich damit reizen, wie sehr unser norddeutscher „Wein" - nur aus gegärtem Hopfen und ein wenig Gerstenmalz gebraut - der Traubenplörre der Süddeutschen überlegen ist.

DIE ITZEHOE-FALLE

Werde ein echter Moinianer!

Wer ins Ausland fährt, erlebt in Restaurants und Bars oft Tourinepp und Tourifallen. Und sobald man aus dem Laden raus ist, lachen sich die Einheimischen einen Ast ab. Im Land des Moin gibt es das natürlich nicht.

Bei uns Nordlichtern läuft das viel subtiler. Wir machen uns einen Spaß daraus, Orte ganz anders zu schreiben, als man sie ausspricht und lachen uns auf diese Weise über die hilflosen Touris kaputt: *„Wo wollen Sie hin? Itzehoe? Nie gehört. Ich glaub, das gibt's hier gar nich“.*

Orte, bei denen Touris es regelmäßig verreißen:

Schreibt sich:	*Spricht sich:*
Itzehoe	Itzehooo
Bad Oldesloe	Bad Oldesloooh
Laboe	Labööö
Wustrow, Prerow, Güstrow ...	Wustroo, Preroo, Güstroo ...
Brodersby, Schuby ...	Brodersbü, Schubü ...

GROSSE MOINTROPOLEN DES NORDENS

LEER

Das ewige Problem der Leerer

**Ich bin Osnabrücker.
Und Sie?**

Ich bin Leerer.

**Das freut mich.
Aber wo kommen
Sie her?**

DIE **KARL-MAY-FESTSPIELE** BAD SEGEBERG

UND SO LÄUFTS:

Traditionell beginnt jede Aufführung am Kalkberg mit einer kleinen Gruppe Unschuldiger, meistens Siedler, die in der Mitte der Arena zeigen, wie friedvoll die Welt und der Wilde Westen eigentlich sein könnten.

Dieses Idyll wird jäh beendet, entweder durch eine berittene Horde Indianer von links oder betrunkenen Banditen von rechts. Jetzt wird erst mal eingekreist, eingeschüchtert, geplündert oder sogar Schlimmeres.
PENG.

Dramaturgisch nicht immer ganz nachvollziehbar, hagelt es nun wackere zehn Minuten lang Gewehrschüsse, Schreie und Hufgetrappel satt; inklusive der ersten größeren Explosion.
RUMMS.

Wegen dieses Actionspektakels fangen im Publikum bereits die ersten Kinder an zu weinen, aber jetzt wird alles gut, denn jetzt erscheinen endlich unsere Helden! Der mit den langen Haaren und der andere mit dem Fransenhemd.
Sie erscheinen aber nie zusammen! Denn natürlich will jeder seinen eigenen Auftrittsapplaus auskosten.

In der Regel kommt zuerst Old Shatterhand oder Surehand, Firehand usw. und erst dann betritt Winnetou das Feld! Und nun könnte es endlich zu dem Dialog kommen, welcher der geografischen Lage des Spielortes angemessen wäre:
„Moin, Winnetou, mein roter Bruder!"
„Moin Shatterhand. Und?"
„Ja nee, muss ja."

Stattdessen geht's nun mit alle Mann munter den Kalkberg hoch und wieder runter, alle fünf Minuten explodiert etwas und immer muss mit 20 Leuten mal ganz schnell irgendwohin geritten werden. ***TRAPPEL.***

Dazwischen wirft die hemdsärmelige Alte einen Betrunkenen aus ihrem Salon
KNUFF

und der Pfarrer, Schriftsteller oder Schmetterlingssammler glänzt mit witzigen Sprüchen.

Das Ende des Stücks wird traditionell eingeleitet durch einen Indianer, der vom Felsen fällt,
AHHhhhhh

mit etwas Glück sogar ein Bandit mit brennender Jacke.
BRENN!

Und dann gibt es noch einmal die ganz große Explosion
BUMMM und damit auch irgendwie immer die Erlösung.

Und wenn Winnetou und Old Shatterhand den nun schon etwas dezimierten Siedlern aus der Anfangsszene bestätigen, dass endlich wieder alles gut sei, dann fließen im Publikum Freudentränen. Ende gut, alles gut.

UND ALLE WISSEN: NÄCHSTES
JAHR GEHEN WIR WIEDER HIERHIN.
MOIN!

MOIN-Zwischenprüfung

Welche Begriffe sind moinmäßig korrekt?
Streiche die Worte, die nicht in den Norden gehören!

BEGRIFFE

Moin	Main
Mars	Mors
Funfisch	Pannfisch
Braunkohl	Grünkohl
duun	angetrunken
Priel	Pril

PHRASEN

da nich für	dafür nicht
Enno seine Frau	Ennos Frau
Bissu tüdelig?	Wolln's a Tüde hom?
Ja, ja	Ja, da leckst mi doch glei am A…
Ein Alster bidde!	Für mich ein Radler!
Ick wüll ju watt!	Ich will ins Watt!

ORTE

Voll	Leer
Buxtehude	TotenHosen
Heide	Dietersdorf
Hamburg	Homburg
Stuhr	Stur
Hodenhagen	Busenhausen
Ribnitz-Damgarten	Castrop-Rauxel
Bremerhafen	Bremerhaven
Kaltenkirchen	Warmensteinach
Hallig Hooge	Hallig Holger

MOINMÄSSIG KORREKT IST:

Begriffe: Moin (ist ja wohl klar), der Mors ist der A..., da nich für!, Pannfisch, Grünkohl, duun und ein Priel ist ein Wasserlauf im Watt!

Phrasen: da nich für!, Enno seine Frau, Bissu tüdelig?, Ja ja, Alster!, Ick wüll ju watt!

Orte: Leer, Buxtehude, Heide, Hamburg, Stuhr, Hodenhagen, Ribnitz-Damgarten Bremerhaven, Kaltenkirchen, Hallig Hooge

DIE SCHWIPS-SCHMUDDELTOUR VON FRIESLAND BIS NIEDERSACHSEN

WAS IST WAS
am Moin-Strand

DER NIEDERRHEINISCHE BURGENBAUER

Im Sommer kann man ihn an den Stränden von Nord- und Ostsee sehen, bzw. zum Teil sehen. Also den Teil, der aus der Sandburg herausschaut, in der Regel die obere Hälfte eines Baseballcaps oder ein rot verbranntes Maurerdekolleté. Der niederrheinische Burgenbauer rückt mit eigenem Grabungswerkzeug an: *„Wat willste mit 'ner Kinderschaufel?"*, und ist jedes Mal enttäuscht, wenn das mit dem Tiefbau nicht so klappt wie zu Hause: *„Bei uns kannste locker zwei Kilometa nach unten graben ... aber hier kommt nach fünfzig Zentimeta Wassa ... nee do."*

Erkennungszeichen Socken in Sandalen, BVB- oder FC Köln-Trikot

Typische Sätze Und? Wie lange standet ihr hierhin im Stau?
Letzt Jahr sin' wa nachts gefahn: Fünf Stunden! Rekord!
Will jemand Käffchen? Brings mir ein' mit? *(Hahaha)*

WATT in der Weltliteratur

Deichgraf: Moin! Na, waat dat noch watt?

Landvogt: Wie, „Watt“? Dat is doch schon Watt!

Deichgraf: Nee, ich mein, ob dat noch watt waat.

Landvogt: Watt waat watt? Dat Watt?

Deichgraf: Nee, nich, ob dat noch watt waat mit dat Watt, ich mein, ob dat noch wat waat.

Landvogt: Mit watt denn, wenn nich mit dat Watt?

Deichgraf: Midde Tide. Ob dat noch watt waat midde Tide!

Landvogt: Ach so. Ich wollt nämmich grod sog'n: Watt is ja alln's door. Do mött je nie op warten. Und unner uns: Dat waat noch immer watt mit dat Watt!

Deichgraf: Dat's richtig. Dat waat noch immer watt mitt datt Watt ween.

Landvogt: Watt? Jojo. Do. Kiek! Nu kümmt de Tide.

Deichgraf: Jo. Und no de Tide waat dat dann ook wedder mit dat Watt! Watt?

Spiegel-Bestsellerautor Theodor Storm (Der Schimmelreiter) 1886. Ausschnitt aus seiner ursprünglich geplanten Radiocomedyserie „Hauke Haien, de Kloogsnacker von Westerdeichstrich“.

MOINSENENSENNNNN

Glaubensfrage Alkohol

Vergessen Sie die Kreuzzüge und die Kriege zwischen Protestanten und Katholiken; wenn es im Land des Moin um traditionelle Trinkkultur geht, tun sich viel tiefere Gräben auf!

Das Schnaps-Schisma: Ärger um das Heilige Herrengedeck

Immerhin darüber sind sich die gegnerischen Glaubensparteien einig: Ein Herrengedeck besteht traditionell aus einem Langen (Bier) und einem Kurzen (Schnapsglas mit Korn)*. Unstrittig ist auch, dass beide Alkoholika nicht einzeln eingenommen werden, sondern zusammen. Die Glaubensfrage bei uns im Norden ist aber: „Wie kommt der Korn ins Bier?" oder anders formuliert:

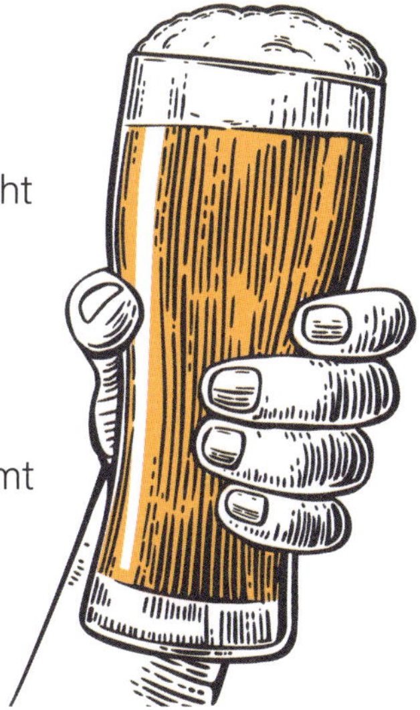

*Außer in Hamburg. Auf der Reeperbahn mit ihrem Mindestverzehr-Aberglauben betete man sogar noch bis vor Kurzem eine Flasche Bier plus Piccolo-Sekt als „Herrengedeck" an.

„LÜTTJE LAGE"

„Lüttje Lage" ist die wichtigste Saufheilige der niedersächsischen Trinker, vor allem in und um Hannover. Ihr Kult: Zusätzlich zum Bierglas hält ein Finger der Hand (meistens der Mittelfinger) noch ein Kornglas. Beim Kippen fließt nun der Korn ins Bier und mit diesem zusammen in den Mund.

„U-BOOT"

Beim „U-Boot-Kult" lässt man vor dem Trinken das Schnapsglas mit dem Korn ins Bier gleiten, sodass es nun wie ein U-Boot auf dem Grund des „Biermeeres" verharrt. Als liturgische Abwandlung entreißen Sektierer dem Tabernakel ihrer Hausbar nun aber immer öfter kleine Flaschen Magenbitter und nutzen diese anstelle des Schnapsglases.

DIE KÖM-GRENZE *Ist der „holy spirit" weiß oder gelb?*

Welche Farbe darf er haben, der heilige Köm, der Schutzpatron der Aquaviter und des seligen Teepunsches: weiß oder gelb? / weißer Köm oder geeler Köm?

Nach langem Glaubenskrieg, der auch vor dem Beigeben von Kümmel und Anis nicht halt machte und Verspottungen wie „Klötenköm" (von „Klöten" = Eier, Hoden) zogen sich die Gläubigen des „Geele Köm"-Kults bis über den Fluss Arlau in Nordfriesland zurück, welcher bis heute die Grenze darstellt zwischen Anbetern eines entweder weißen oder gelben „Spirits".

DAS GROG - DILEMMA *Fataler Übersetzungsfehler*
„Rum muss, Zucker darf, Wasser kann (alles verderben)", so steht es in Martin Lüttens Übersetzung der Trinker-Bibel und hat seitdem für viel Verwirrung, ja sogar für manchen Riss im Glaubensbekenntnis ganzer Familienverbände geführt. Denn im Original steht da *„Rum mutt, Zucker kann, Water bruuk nich". Und „bruuk nich"* bedeutet für Anhänger des Grog-Purismus mit leicht kreationistischem Einschlag: *„Wenn der Gott des Trinkens Wasser im Grog gewollt hätte, dann hätte er Rum alkoholfrei gemacht!"* Und so bekämpfen sich aufgrund dieser am Ende doch sehr voreiligen Übersetzung die Grogfreunde bis heute!

„BITTE“ AUF NORDDEUTSCH

„Da nich für“ ist das „Moin“, wenn man „Bitte“ sagen will

Folgende Situation:
Sie sagen einem einheimischen Nordlicht *„Danke“*, weil er Ihnen den Weg zur nächsten Drogerie gezeigt hat. Aber anstatt, dass sich sein Gesicht aufhellt und er den Dank freundlich entgegennimmt, winkt er eher ab und meint wenig emphatisch: *„Da nich für!“*

Nicht falsch verstehen! *„Da nich für“* ist überhaupt nicht unhöflich gemeint. Im Norden halten wir nur Antworten wie *„Gern geschehen“* für *„drüber“* und *„keine Ursache“* würde uns nachdenkliche Norddeutsche mit seiner Ähnlichkeit zu

Urknall, Ursprung und Uhrenvergleich unnötig ins aktive Philosophieren bringen.

Und weil ein ausführliches, mit einem großen Lächeln präsentiertes *„Dafür brauchen Sie sich doch nicht zu bedanken“* auch schon wieder zu freundlich wäre – wir wollen Sie ja schließlich nicht zu uns nach Hause einladen – heißt es nun eben ganz spontan: *„Da nich für.“*

Wenn Sie also dem DLRG-Rettungsschwimmer artig Dankeschön für das Aushelfen mit Sonnencreme sagen, antwortet der genauso mit *„da nich für“* wie, wenn er Ihnen gerade das Leben gerettet hat.

TIPP: Wer *„Da nich für“* selbst benutzen will, Wortfolge beachten:

FALSCH:
„Dafür nicht!“
(Tourifalle)

RICHTIG:
„Da nich für“

ZUR NOT:
„Nich dafür“

ALSTERWASSER

Wer bei einer der beliebten Kanutouren auf der Hamburger Alster aus dem Boot fällt, bekommt unter standesgemäßem Gejohle traditionsgemäß zu hören:

„Na? Hattest du denn überhaupt Alsterwasser bestellt?"

Wenn man nach dem Paddeln dann frisch geföhnt in einer Gaststätte sitzt, kann man sich ein echtes Alsterwasser bestellen: *„Ein Alster bitte!"*

Hanseatisch korrekt zubereitet wird zuerst die Zitronenbrause ins Glas gefüllt und dann mit einer Gabel ein wenig die Kohlensäure herausgeschlagen. Dann erst wird das Bier (Pils) ins Glas gegossen.

Warum an Rhein und Ruhr „Alsterwasser" statt mit Zitronen- nun ausgerechnet mit Orangenlimonade serviert wird, ist für die Hanseaten ein immerwährendes Rätsel.

Mhh!

MOIN!

Denn die „Südländer" – vom Norden aus gesehen – tun dies ja allem Anschein nicht aus Bös- oder Feindseligkeit dem hanseatischen Gestus gegenüber, sondern sind der Meinung, dass ein Alsterwasser genau so zubereitet werden müsse. Und Hanseaten wiederum sehen sich als zu gut erzogen an, als sie in ihrem Irrtum aufzuklären …

Anders liegt der Fall jedoch bei den Lübeckern, die ebenfalls Hanseaten sind und deren Stadt im Mittelalter die größere und wichtigere Handelsmetropole war. Die erdreisten sich aus Hamburger Sicht doch glatt, „Alsterwasser" mit Himbeerbrause zuzubereiten.

Und das, obwohl Lübeck nachweislich so gar nicht an der Alster liegt!

In den Kellern des Hamburger Rathauses sollen deshalb seit Jahren Pläne zu Herstellung und Vertrieb von „Lübecker Marzipan made in Hamburg" liegen.

„Klönschnack“

An Tagen, wo ***„Moin“*** einfach nicht genug ist, hält der Nordmensch dann auch hin und wieder mal einen kleinen Klönschnack. Die semantische Doppelung bei der Zusammensetzung dieses Begriffs zeigt allerdings schon, wie ungewöhnlich, ja geradezu exaltiert diese Tätigkeit im Land des Moin angesehen wird, denn:

Klönen heißt: reden, sich unterhalten, sich austauschen, (ein wenig) tratschen und ***Schnacken*** heißt ebenfalls: reden, etwas bereden, sich unterhalten, Absprachen treffen, Neuigkeiten austauschen.

Beides zusammen(!) bedeutet für die norddeutsche Seele deshalb: sich kommunikativ einmal völlig fallen zu lassen, alle Normen nordischer Mentalität einmal beiseite zu schieben, um sich total enthemmt einem geradezu südländischen Redefluss hinzugeben.

Ernsthafte Anzeichen für einen nun nicht mehr aufhaltbaren Anfall von Klönschnack sind Wortfetzen wie

„Ach wat?“

„Nee, do“

„Wirklich?“

„Sachen gibt das“

„Da sieh's ma wieder“

„Ich hatt's immer gewusst“

„So issas und nich anners!“

WAS IST WAS
am Moin-Strand?

DIE SCHWÄBISCHE RUMKREISCHE …

… findet sich an allen großen Stränden von Juist über St. Peter-Ording, Amrum, der Lübecker Bucht, dem Darß bis weit hinter Rügen. Sie ist in ihrer Brutpflege orientierungslos. Alle halbe Stunde geht ihr ein Kind verloren, worauf sie hektisch schreit: *„Le-ni!?!“* oder *„Matildaaaa?!“*

Das Kind findet sich in der Regel schnell wieder ein, das laute Brutgeschrei hat nun aber andere Rumkreischen aufmerksam gemacht, Landsleute, Mütter, ebenfalls irgendwo aus Baden-Württemberg.

Anstatt aber jetzt aufeinander zuzugehen und Auge in Auge abzuklären, aus welcher Stadt oder Gemeinde die andere kommt (was für die Rumkreische extrem wichtig scheint), rufen sich die beiden nun die nächsten fünfzehn Minuten Sätze zu wie: *„Ach, seid ihr auch aus Schwaben?“, „Das ist ja ein Zufall!“ „Ich glaube es ja nicht!“ „Maik! Die sind auch aus Schwaben!“ „Was? Auch aus Schwaben? Ich glaub's ja nicht! Jan-Niklas, du glaubst es nicht ...“, „Ja wo genau kommt ihr denn her?“, „Das kenn ich, da wohnt mein ...“, „Kennt ihr denn den ... ...?“*

In der Zwischenzeit geht dann natürlich ein weiteres Kind verloren und das Ganze geht wieder von vorne los.

DAS ZEN DES MOIN

Als Buddha in jungen Jahren einmal sein geliebtes Fahrrad zur Reparatur brachte und den Werkstattmeister fragte: *„Moin, Meister, kannst das reparieren?“*, antwortete der nur knapp: *„Reparieren? Keine Ahnung. Aber ich will da gern mal beigehen.“*

Zwei endlose Tage verbrachte Buddha nun in Unruhe, versuchte zu meditieren, fragte sich aber in Wahrheit stets, was der Meister wohl damit meinte: „beigehen"? Und warum er nicht einfach gesagt hatte: „Gib her das Teil, ich reparier dir das!"?

Dann, am dritten Tag, nahm Buddha sein perfekt repariertes Fahrrad entgegen, bezahlte den Werkstattmeister und erhielt zum Abschied folgenden Hinweis: *„Hier, Bremsen war'n auch kaputt, hab ich gleich mitgemacht. Gut, dass da mal einer beigegangen is. Man weiß ja nie!“*

Und spätestens bei diesem „Man weiß ja nie" traf es Buddha wie ein Blitz und schon am Abend erzählte er seinen versammelten Schülern: *„Heute, liebe Schüler, habe ich einen wahrhaften Meister gesehen.“* Aus „Buddha bei die Fischer" Gesammelte Schriften

TIEFE WEISHEITEN DES MOIN:

„BEIGEHEN"

Wie die nebenstehende, kleine Anekdote schon andeutet, herrscht ein kleiner, aber feiner Unterschied zwischen *„reparieren"* und dem norddeutschen *„beigehen"*.

Denn *„Na, dann wollen wir das mal reparieren"* drückt zwar das gewünschte Endergebnis aus, jedoch ohne jegliche Kenntnis, ob dies überhaupt zu erreichen ist, ob es sinnvoll ist, dies zu erreichen und ob dieser Zielpunkt im Einklang mit Schicksal/Karma/Natur und dem gottgewünschten Lauf der Dinge steht.

In *„Na, denn woll'n wir da wohl mal beigehen"* oder *„Soll ich da mal bei gehen?"* schwingt gerade einmal die Möglichkeit, der fromme Wunsch mit, dass das funktionsunfähige Ding am Ende wieder funktionieren möge. Ob es aber wirklich zu diesem Ergebnis kommt, hält sich das weise „Beigehen" völlig offen. Denn man weiß ja nie!

Hier zeigt der Moin-Mensch wieder einmal sein tiefes Verständnis des Zen-Buddhismus. „Beigehen" ist immer karmisch-prozessorientiert und ganz im Hier und Jetzt.

INSELN UNTER SICH

UND
was tun erst mir die
Augen weh, wenn
ich Rügens kleinen
Hiddensee!

Wenn er sich freut:

„Moin.“

Wenn er Geburtstag hat:

„Moin.“

Wenn er im Lotto gewinnt:

„Moin.“

Wenn er sich freut,
weil er an seinem
Geburtstag im Lotto
gewonnen hat:

„Moin, Moin“

GROSSE MOINTROPOLEN DES NORDENS

Bremen

Bremen in Zahlen

Jeder 10. Bremer steht, wenn er ein paar Schritte aus 'm Haus geht, in Niedersachsen.
Jeder 9. mitten in der Weser.
Jeder 8. Bremer wohnt gar nicht in Bremen, sondern in Bremerhaven.
Jeder 7. Bremer möchte deshalb, dass sich der Bremer Flughafen so zu schreiben hat: „Flughaven".
Jeder 6. Bremer hat als Kind eine der unglaublich vielen Tauben im Bürgerpark gejagt.
Jeder 5. Bremer ist eine Taube.
Jeder 4. Bremer hat ein Foto von sich neben dem Denkmal der Bremer Stadtmusikanten.
Jeder 3. Einwohner – dieser traditionell sehr sozial eingestellten Stadt – findet, der Esel der Bremer Stadtmusikanten habe ein Recht darauf, auch mal oben zu stehen.
Jeder 2. Bremer glaubt, Otto Rehagel ist immer noch Trainer von Werder, ... ja oder dieser neue da ... Schaaf oder so.
Und ausnahmslos jedes Fischfrikadellenbrötchen ist per Definition ein Bremer.

MOIN-BRAUCHTUM

BOẞELN

„BOẞELN" klingt schwierig, ist aber ganz einfach. Beim Boßeln wird in zwei Teams eine grapefruitgroße Kugel mit möglichst wenigen Würfen eine bestimmte Strecke entlanggeworfen.

Der Weg können befestigte Straßen, aber auch Wanderwege etc. sein. *Okay, klingt langweilig.*

Deshalb wird zwischen den Würfen traditionell ein kleines Zeitfenster gelassen für das eine oder andere alkoholische Doping (Zielwasser). *Jetzt klingt's besser, oder?*

ALSO ZUSAMMENGEFASST: Boßeln ist die ideale Gelegenheit, sich richtig derbe die Kante zu geben und dabei immer norddeutsch korrekt sagen zu können: *„Saufen? Wie bitte? Nein, wir treiben hier Sport! Und das auch noch an der frischen Luft."*

Und das klingt doch gut.

MOIN!

LANDESTYPISCHE GERICHTE

ROTE GRÜTZE

ist der norddeutsche Klassiker unter den Nachtischen. Die Grütze an sich ist traditionell ein Getreidebrei aus Hafer, Gerste, Roggen ..., aber auch Mais oder Hirse. Heutzutage allerdings oft durch Vanilleeis, Vanillepudding oder Sahne ersetzt.

Das „Rote" ist meist eine Mischung roter und/oder dunkelblauer (fast schwarzer) Beeren. Politisch interessierte Nordlichter nutzen diesen Umstand („rote" oder „schwarze" Beeren) deshalb schon seit Jahren zur politischen Aufwertung ihres Kaffeekränzchens und bereiten den Nachtisch je nach aktueller Landesregierung farblich passend zu:
Schwarze Früchte, wenn gerade die CDU regiert,
rote, wenn die SPD an der Macht ist.

In den letzten Jahren haben Foodblogger dann glücklicherweise herausgefunden, dass auch grüne und gelbe Früchte möglich sind und dass es demnach auch grüne und gelbe Grütze geben kann, schon weil es für diese volkstümliche Speise kein Originalrezept gibt.

Und so ist – im Kontrast zu farblichen und politischen Wechseln – über die vielen Jahre nur die Grütze etwas geblieben, worauf man sich verlassen konnte, also kulinarisch, aber auch politisch jetzt mal.

Mhh!
MOIN!

„MOIN RÜCKWÄRTS“: VERABSCHIEDEN AUF NORDDEUTSCH

Und dann schuf Gott das

„ICH MACH MA SO HIER!“

„Ein' hab ich noch", dachte Gott, nachdem er kurz vor Schluss des siebten Tages genug geruht hatte. *„Eine Verabschiedung"*, überlegte er, *„so richtig norddeutsch, das wär's jetzt doch noch irgendwie."*

Sprach's und hielt schon wenige Augenblicke später ein wundervolles *„Und Tschüs"* in den Händen, betrachtete es sorgsam und fand, dass es sicherlich gut war, aber vielleicht doch noch nicht der göttlichen Weisheit allerletzter Schluss.

Als Nächstes kam ihm ein kurzes, knappes *„Und gut"* in den Sinn, dann ein noch knapperes, aber genauso effektives *„Ers'ma"*. Doch beide, so war er sich sicher, waren noch immer nicht das, wonach er insgeheim suchte.

Die Verabschiedung sollte nämlich auch eine audio-visuelle Komponente haben und für eine ganze Gruppe gelten, sodass man sich nicht von jedem Einzelnen würde verabschieden müssen, zum Beispiel in einer lauten, überfüllten Kneipe.

Um sich selbst Mut zu machen, klopfte Gott mit den Fingerknochen drei Mal auf Holz, sagte: *„So müsste es klingen!"* und mit einem Mal war ihm klipp und klar, wie man sich korrekt auf Norddeutsch zu verabschieden hatte: *„Drei Mal auf die Tischplatte klopfen, reihum lockeren Augenkontakt suchen und einfach sagen: ‚Ich mach ma so hier'!"*

Und so wird's gemacht: Mit den Mittelfingerknochen einer lockeren Faust drei Mal kurz auf den Tisch klopfen (möglichst auf Holztisch).

Das ist norddeutsch-effizient, weil man sich nicht umständlich von jedem einzeln verabschieden und auch nicht unterscheiden muss: „Wen von dieser Baggage muss ich jetzt urmarmen, wem die Hand geben und bei wem reicht ein Kopfnicken?"

Und so wird „Ich mach ma so hier" korrekt eingesetzt:

HIER JA:
Kneipe
Freundesabend
Vereinsheim
Feier mit Kollegen

HIER NICHT:
Als Redner im Bundestag
Als Arzt, bevor man jemand ins künstliche Koma legt
Vor dem Pfarrer, anstatt *„Ja, ich will"*

Unser Alpenpanorama

Unsere Rosen

Unser Gruß **MOIN**

BELEIDIGEN AUF PLATT

ist wohlwollend, niedlich und weniger aggressiv

„Klei mi doch an' Mors" (ca. *„Kratz mich doch am After"*) ... zum Chef gesagt, geht! Sagt das Arbeitsgericht Hamburg. Es sei zwar ungehörig, stelle aber keinen Kündigungsgrund dar.

Beleidigen auf Platt ist also nur halb so schlimm, na denn man tau: Statt „Überstunden? Du kannst mich mal ..." besser auf Platt: *„Ick wüll ju watt mit Überstunden!"*

STATT:	BESSER AUF PLATT:
Blödmann!	Pappkopp.
Dummkopf!	Döskopp.
Hohlhupe!	Dorschkopp.
Depp!	Du Torfkopp.
Einfaltspinsel!	Dämlack.
Lahmarsch.	Drömel.

STATT:	BESSER AUF PLATT:
Angsthase!	Bangbüx
Du Heulsuse!	Na, du Ziepeltrine ...
Schleimer!	Bis ja schon 'n büschen 'n Glattschnacker, wa?
Sie Ferkel!	Wat bin ji denn für 'n Puttfarken?
Sie alter Miesmuffel!	Mönsch, du ollen Piesepampel.
Sie Hosenscheißer!	Du Piepenschieter.
Blöde Labertasche!	Min lütten Sabbelbüdel.
Du Transuse!	Kommst denn heut noch ma in Trab, du Trine?
Sie Clown!	Bissu 'n Hans Quast oder wat?
Trottel!	Töffel.
Du blöde Schnarchtasse!	Du biss aber auch 'n Dösel.
Elender Tollpatsch!	Und 'n Dösbaddel bis' auch.
Fettsack!	'N lütten Swabbelmors bis du aber schon, oder?
Sie Stinktier!	Na, du Ülk?
Hungerhaken!	Wills du nich ma was essen, Slackerdarm?
Alte Toilettenfrau!	Moin, Mudder Wischmann.
Sie mieser Meckerpott!	Wat wüss du nu wedder, Quakbüdel?

ACHTUNG TOURIFALLE

Nicht antworten mit: „Ja, ja …“, denn:

„Ja, ja“ heißt Leck mich am A…!*

*Vielleicht mag der
Norddeutsche ja auch
deshalb „Moin, Moin"
nicht so gern.

DIE AKTE MOIN

DIE UNGELÖSTEN FÄLLE NORDDEUTSCHER KÜSTEN UND STRÄNDE

Warum haben die Polster in Strandkörben immer eine Plastikoberfläche, so wie die einer Inkontinenzmatratze? Gab es da in früheren Zeiten regelmäßig Zwischenfälle von Harnverlust auf der Strandkorbpolsterung? Oder einen Virus, der verwirrte Kinder statt ins Meer in hohem Bogen auf die Sitze pieseln ließ? Gedanken, die einem zwangsläufig kommen, während sich beim Sitzen im Korb und über 30 Grad Schweißperlen am Hintern bilden.

Warum gibt es, egal ob Nordsee oder Ostsee, um 20 Uhr, wenn alle Badegäste völlig ausgehungert nach etwas Essbarem suchen, in deutschen Küstenorten, selbst während der

Hochsaison, in der Regel nur eine einzige Pizzeria, bei der man dann bis zu zwei Stunden für einen Tisch für zwei Personen anstehen muss (*„Für vier Personen? Nun werden Sie mal nicht unverschämt!“*)?

Warum gibt es eigentlich keinen Strandabschnitt für *„normale Menschen, die anderen nicht grenzenlos auf den Senkel gehen“*, Menschen, die einfach nur ein Buch am Strand lesen wollen, ansonsten die Klappe halten und sich nur dann und wann im Meer ein wenig abkühlen; ganz ohne völlig enthemmt rumzukreischen oder Nebenstehenden, die es überhaupt nicht wissen wollen, lautstark jedes einzelne ihrer Tattoos und andere Lebenskrisen zu erklären?

Scully und Mulder, übernehmen Sie!

GROSSE MOINTROPOLEN DES NORDENS

WISMAR

„Wie, sagten Sie, heißt dies hübsche Städtchen mit all den tollen Kirchen??"
„Das Wis'mar gerne wissen wa'?"

Günter Grass in: „Möwenjahre. Die besten Kalauer des Nordens", unveröffentlicht

Wo andere Städte eine Kirche im Zentrum haben, hat Wismar gleich fünf.

Wer also nicht genau hinsieht, kann Wismar leicht verwechseln mit einer **Musterhaus-Austellung für Backsteinkathedralen**. Denn auf engstem Raum sind hier folgende fünf Gotteshäuser untergebracht: St. Nikolai, St. Georgen, St. Marien, die Heiligen-Geist-Kirche und, weil wohl irgendwann die Namen ausgingen, auch noch die sogenannte „Neue Kirche“. Dazu mit St. Laurentius, in Wurfweite eines handelsüblichen Backsteins, sogar noch eine sechste Gebetsstätte. Wer also vorhat, in seiner Fußgängerzone, auf dem örtlichen Fußballplatz - oder einfach nur hinten im Garten, wo schon immer ein Hingucker fehlte - eine Backsteingotik-Kathedrale zu errichten: Vorher unbedingt eine Stippvisite in die Mointropole Wismar einplanen.

Angeberwissen: Wismar war für 150 Jahre ein Teil von Schweden, Teile von Schweden sind auf den Straßen Wismars deshalb immer noch zu sehen, vor allem Volvo, Saab und ganz viel Scania.

Außerdem in Wismar: Gute Fischrestaurants und eine Werft, die so groß ist, dass viele vermuten, dass dort in Wahrheit doch Kirchen gebaut und über Nacht dann heimlich zu den anderen dazugestellt werden.

Keine Sprache der Welt kennt so hübsche Adjektive wie das Norddeutsche

„EISCH“ bedeutet *„frech“*,
aber nicht hinterhältig frech, sondern *„ganz schön frech, aber immer noch im grünen Bereich“* und kann schon in frühen Jahren zum Beinamen einer Person werden, z. B.: der eische Marvin (weil er früher in der Kita immer die Mädchen geärgert hat).

„MUKSCH“ ist *„eingeschnappt“*,
also wenn jemand beleidigt ist und deshalb nichts mehr sagt. Nicht ganz unproblematisch im Land des Moin, wo ja sowieso nicht so viel geredet wird. Wenn einer *„muksch is“*, dann kann das deshalb bis zu mehreren Wochen dauern, bis das überhaupt auffällt.

„FREHN“ wenn einer nicht so ganz helle ist, im Kopf mehr so wie eine Energiesparlampe, die immer so 'n büschen Zeit braucht, um helle zu werden. Dann heißt es im traditionellen Norddeutsch ganz liebevoll:
„Er/Sie is ja schon so 'n büschen frehn, wa?“
„Ja, aber sonst 'n ganz Netter/ 'ne Nette.“

„KRÜSCH“ ist *„zimperlich“*, *„wählerisch“*, wenn jemand die Rosinen aus'm Kuchen puhlt und wegen jeder zweiten Zutat im Essen die Nase rümpft und an Mahlzeiten rummäkelt. *„Nun sei doch nich so schrecklich krüsch“*, heißt es dann, mit langem „üüü".

„BANG“ heißt *„ängstlich“*, *„zurückhaltend“*.
„Was' los? Bis' bang?“, sagt man zu Kindern, die Angst vor dem ersten Mal Achterbahnfahren haben. Und wenn die Brut dann über 14 Jahre alt ist, sagen sie es zu ihren Eltern:
„Wat los, Vatter? Achterbahn mit Freefall und Doppel-Looping! Oder bissu bang?“

DAS FRÖHLICHE GROSSSTADTREVIER-
MOIN-TRINKSPIEL
So geht's:

EIN KORN

- Bei jedem Mal „Moin“.
- wenn ein Streifenwagen wieder einmal völlig ortsfremd auf dem Weg vom Polizeirevier zum Tatort einen riesigen Umweg über den Hafen macht. Einfach nur, weil's besser aussieht.
- Wenn einer unserer Polizisten Liebeskummer hat.
- Wenn im Titelsong das Wort „Ude“ kommt, von dem keiner weiß, was das bedeutet.

EIN BIER AUF EX

- Wenn wieder einmal eine resolute Oma im Revier auftaucht und mit ihrer Gehhilfe nachdrücklich auf den Tresen haut.

- Wenn man einen wiederverwendeten Drehort aus einer anderen Folge erkennt (die pittoreske Brüderstraße beim Michel z. B.)
- Wenn Dirk Matthies zu Bösewichten sagt: ***„Mensch Jungs, lasst den Scheiß, ehrlich, lasst ihn doch den Scheiß.“***
- Wenn jemand ortsgerecht zu „Polizeiauto" „Peterwagen" sagt.

EIN SCHLUCK FANTA

- Jedes Mal, wenn man sich fragt: „Wer schreibt sich eigentlich so was zusammen?"

Und in eigentlich jeder Folge des Großstadtreviers lernen die TV-Zuschauer die wichtige norddeutsche Lebensweisheit: ***„Große Fische sind irgendwo ganz tief auch nur kleine, irregeführte Menschen. Moin!“***

PRAKTISCHES STRANDWISSEN

ZUSAMMENFALTEN UND VERSTAUEN EINER STRANDMUSCHEL

SO STEHT'S IN DER OPTIMISTISCHEN ANLEITUNG:

a) Nehmen Sie den ersten Bogen. Greifen Sie den zweiten, dritten und vierten Bogen und ziehen diesen zum ersten Bogen. Nun halten Sie alle alle vier Bögen zusammen in der linken Hand.

b) Mit der rechten Hand führen Sie jetzt die anderen Enden zusammen, sodass eine Seite am Boden aufliegt. Die andere Seite stecken Sie lose in die auf dem Boden aufliegende Seite, damit die rechte Hand wieder frei ist. Die linke Hand hält immer noch die vier Bögen zusammen.

c) Bogen 3 und 4 drehen Sie nun mit der rechten Hand nach innen und lassen diese vorher mit der linken Hand aus. Die Unterseite der beiden Bögen rutscht nach oder braucht etwas Unterstützung. Einfach in die Transporttasche, fertig!

UND SO IST'S WIRKLICH:

a) *„Erster Bogen?“* Was zum T... ist der erste Bogen? Wieso überhaupt „Bogen“, Robin Hood, oder was? Und wieso sind die

Fotos in der Anleitung in Schwarz-Weiß, sodass man möglichst nichts erkennt? Egal, weiter ... Wie? Vier Bögen jetzt? Äh ... Ich greife einfach alles, was an „Bögen" in meine linke Hand passt.

b) Weiter geht's: *„Lose“*? Was heißt „lose"? Die flappt mir jedes Mal wieder hoch, die Muschel. Die Anleitung klingt wie für Discofox: „Rechte Hand führt ... die andere steckt ... rechte wieder frei und jetzt im Bogenschritt ..." Bin ich John Travolta? Die Leute hier grinsen auch schon alle so komisch, die denken, ich mach hier Jazzgymnastik. Ist das peinlich.

c) *„Bögen nach innen drehen und vorher aus“*? Hä? Das hat doch alles keinen Sinn. Ich dreh and press da jetzt einfach wild und mit viel Kraft drauflos, bis ich ... bis ich ... / ... ... / ... Hurra, nur zwanzig Minuten später habe ich tatsächlich so 'ne Art gepresste Schnecke, das muss es sein. Und jetzt wie beschrieben *„Einfach in die Transporttasche und fertig.“* Sooo, ... einfach in die ... nö, schade, zu groß. Da passt eher ein Elefant in eine Badekappe. Kann man die Muschel nicht einfach hierlassen? **HILFE!** Wo ist der Typ, der vorhin Kurtaxe kassiert hat? ... ... Und es gucken immer mehr Leute ... ich dreh hier noch durch!

„Nützschanix(e)“

Manchmal jedoch, wenn der Moinmensch „überfallen“ wird und ein Fremder – manchmal sogar ein Freund – es tatsächlich schafft, ihm ein Gespräch aufzudrücken, dann hält die Sprache des Moin zum Glück ein paar Phrasen auf Lager, die es ab da ermöglichen, ein „erfolgreiches“ Gespräch zumindest vorzutäuschen: Die beliebteste Rettungsphrase ist

„Nütschanix“ (nützt ja nichts) oder auch *„Dat nütz ja allns nix.“* Diese Dialogpartikel bilden als „Omni-Nützschanixe“ ihre eigene sprachphilosophisch-grammatikalische Klasse und passen als Antwort immer und überall, halten das Gespräch mühelos in Gang und geben dem Gegenüber das Gefühl absolut verstanden zu werden.

Weitere Omni-Nützschanixe sind: *„Auf jeden“*, *„'türlich“*, *„Ach was?“*, *„So ist das und nicht anders“*, *„Wat mutt, dat mutt“* und *„aber sicher“*.

MOINPEDIA: Strand-Fails

DER NORDDEUTSCHE RÄT: MESSAGE UND MOTIV AUFEINANDER ABSTIMMEN!

RICHTIG

FALSCH

VOR DEM ZEICHNEN ACHTEN AUF:

- Ist der Name zu lang fürs Herz?
- Habe ich genug Material (Muscheln oder Stöckchen) für alle Buchstaben?
- Muss es wirklich der Nachname sein? – Nein, der Nachname gehört nicht mit ins Herz!

SCHON BESSER.
Aber soll da nich noch was zu?

NA, ALSO,
geht doch.

INSELN UNTER SICH

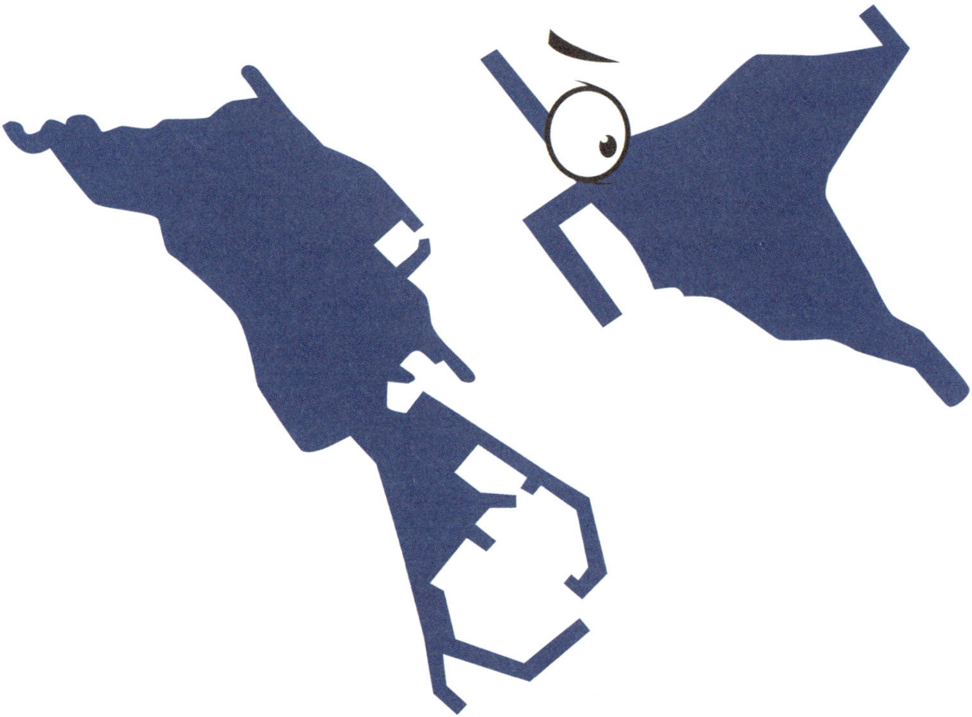

ES GEHT DER SPRUCH,
lieb Norderneyern,
wer auf dir Urlaub macht,
muss stündlich reieren.

ACH HELGOLAND,
ich weiß nicht recht. Bei dir wirds ei'm
schon auf der Hinfahrt schlecht.

„Moin, Moiner, am Moinsten?“

DIE STEIGERUNGSFORMEN VON MOIN

MOIN! Mit dunkler Stimme bei gleichbleibender Tonlage vorgetragen ist dieses Orignal-Moin der Klassiker und die Grundform. Und braucht streng genommen keine Steigerung mehr. Denn mehr als Moin geht ja eigentlich gar nicht. Weil uns Nordlichtern aber durch diese vielleicht doch auf Dauer ein wenig eintönig und emotionslos vorgebrachte Begrüßung eine gewisse Muffeligkeit angedichtet wurde, haben wir zwei Formen der Steigerung entwickelt (nein, nicht „Moin, Moin“, s. Kapitel „Three Shades of Moin“).

Und weil wir im Norden die Natur lieben und außer der See auch über wunderschöne Wald- und Forstflächen verfügen, imitieren wir dann und wann, zum Beispiel wenn wir morgens (gegen 13 Uhr) überraschend gut gelaunt sind, die Melodie eines lieb gewonnen Waldbewohners. Und deshalb klingt …

Die erste Steigerung von Moin wie Kuck-kuck!: *Mo-hoin!*
Mo-hoin kann man aber auch nach Feierabend des Öfteren hören, wenn wir Nordlichter ein Lokal betreten, eine Kneipe oder irgendeine andere Tankstelle.

Die zweite Steigerung von Moin dagegen ist: *Mooooooоiiiiiin!*
Wer im Norden die totale Herzlichkeit in sein Moin hineinlegen will, fängt nicht an wie ein Kuckuck zu trällern, sondern zieht das „oi" gaaanz lang, bis hin zu MOOOOOOOIN! Hier gilt, was anderswo zu Recht als blöd und sexistisch ausgemustert wurde: Bei diesem Moin kommt es tatsächlich auf die Länge an.

UND NU?

DER GROSSE TEST

Vervollständige folgende POSTKARTENSPRÜCHE:

1) Ein Moin sagt mehr als ___ Worte.

a) 250
b) 475
c) 1000

2) Wat mutt, dat:

a) kann
b) darf
c) mutt

3) Nich lang schnacken, Kopp in:

a) Wacken
b) Hacken
c) Nacken

4) „Moin, Moin" ist schon:

a) Gebrabbel
b) Geklöne
c) Gesabbel

SPRACHE:

5) „Ga nich ma soo schlecht" bedeutet?

a) Na ja , hab ich schon besser gesehen.
b) Das kann meine Oma ja besser.
c) Absolut oberhammergeil!

6) Welcher Satz ist richtig?

a) Ein echter Hamburger ist ein Fischbötchen.
b) Ein echter Hamburger ist ein Fischbrötchen.
c) Ein echter Hamburger isst ein Fischbrötchen.

7) „Jo."

a) Ist ein norddeutscher Vorname.
b) Ist gar nichts.
c) Ist ein kompletter Satz!

AUSSPRACHE:

8) **Wie spricht man Itzehoe richtig aus?**
a) Itzehohe
b) Itzehoche
c) Itzeho

9) **Wie spricht man Laboe richtig aus?**
a) Labohe
b) Labau
c) Labö

10) **Wie spricht man Meck-lenburg richtig aus?**
a) Mäcklenburg
b) Mäckelnburg
c) Meeeklenburg

11) **Wie spricht man Schuby richtig aus?**
a) Schubi
b) Schubay
c) Schubü

KULINARISCH:

12) **Wie wird korrektes Alsterwasser gemischt?**
a) Bier und Flusswasser
b) Bier und Orangenlimo
c) Bier und Zitronenlimo

13) **Was bedeutet „Aal" in Hamburger Aalsuppe?**
a) Aal (Fisch)
b) All (Weltraum)
c) Alles

14) **Was ist Rote Grütze?**
a) rotes, schlickiges Watt
b) rotes, sandiges Watt
c) ein Nachtisch

15) **Wie wird Grünkohl noch genannt?**
a) Oldenburger Pflaume
b) Oldesloer Pflaume
c) Oldenburger Palme

16) Ein „Bremer" ist ein

a) Fischkopfbrötchen
b) Krabbensalatbrot
c) Fischfrikadellenbrötchen

LAND- UND STRANDWISSEN:

17) Die übliche Strandfolge ist:

a) Textil-, FKK-, Boote-
b) FKK-, Textil-, Boote-
c) Textil-, Boote-, FKK-

18) Kurtaxe ist:

a) per Shuttle zum Strand.
b) per Shuttle zur Kur.
c) Abzocke.

19) Welche dieser Inseln gibt es nicht?

a) Amrum
b) Borkum
c) Kolarum

20) Richtiger Wind ist:

a) wenn das Haar zerzaust wird.
b) wenn es lauter pfeift, als man reden kann.
c) erst, wenn Schafe vom Deich fliegen.

MOINOLOGIE:

21) Am wievielten Tag schuf Gott das „Moin“?

a) Am ersten.
b) Weiß man nicht so genau.
c) Am siebten.

22) Wie viele Genitive („Wessen“-Fall) **hat das Norddeutsche?**

a) einen
b) drei
c) fünf

23) Wie sagt man „Moin“, wenn man „Gern geschehen“ meint?

a) „Da sachst was!“
b) „Ja, ja …“
c) „Da nich für.“

24) „Klei mi doch an' Mors“ heißt:

a) Natürliche Kleie gibt es im Reformhaus.
b) Wenn du magst, kannst du mich anmorsen.
c) Kratz mich doch am A...

25) Bei „Ich ma so hier“ wird wie oft auf den Tisch geklopft?

a) 1x
b) 2x
c) 3x

AUSWERTUNG:

DO YOU SPEAK MOIN?

Welcher Mointyp bist du? Zähle deine Punkte!

ANTWORT A) ergibt jeweils 0 Punkte
ANTWORT B) ergibt jeweils einen Punkte
ANTWORT C) ergibt jeweils 3 Punkte

0–10 Punkte **SÜDDEUTSCHER**
Sorry, aber sind wir ganz ehrlich: Das war nix. Arbeite das Buch noch einmal von vorn bis hinten durch und mach den Test dann noch einmal.

11–40 Punkte **NORDLICHT-ANWÄRTER**
Na also, da war doch viel Schönes dabei. Nach dem nächsten Urlaub an der Küste wird's noch viel besser.

41–59 Punkte **ECHTES NORDLICHT**
Dir macht im Land des Moin keiner was vor. Du kennst die meisten Sitten und Bräuche und es sind nur noch Feinheiten, die dir zum Moinianer fehlen.

60–75 Punkte **MOINIANER!**
Respekt. Egal, ob Feriengast oder hier wohnhaft: Du bist im Norden zu Hause. Jedes Ritual geht dir leicht von der Hand, du weißt, wann es „Moin" heißt, aber auch, wann ein herzliches „Moin, Moin" angebracht ist und selbst ein „Moinsen" geht dir sicher von der Zunge. Na, denn MOIN!

INHALTSVERZEICHNIS

Bücher & Kalender für Nordlichter

ISBN 978-3-8303-2145-3

ISBN 978-3-8303-3562-7

LAPPAN

Bücher, die Spaß bringen!

Wir produzieren nachhaltig

- Klimaneutrales Produkt
- Papiere aus nachhaltigen und kontrollierten Quellen
- Hergestellt in Europa

FSC
www.fsc.org
MIX
Papier | Fördert gute Waldnutzung
FSC® C002795

6. Auflage 2024

– Originalausgabe –

ISBN 978-3-8303-6378-1

Texte: Olaf Nett
Lektorat: Jana Legal
Covergestaltung: Ulrike Boekhoff
Layout & Grafik: Britt Hansen

FOLGT UNS! facebook.com/lappanverlag
Instagram.com/lappanverlag
www.lappan.de

OLAF NETT findet immer wieder etwas Neues in „seinem" Norden. Fast jedes Wochenende ist er im Land des Moin unterwegs, früher beruflich für den NDR, mittlerweile als Familienvater, Hundebesitzer, Strandsteinesammler, Strandburgenbauer, Feriengast, Fährengast, Wattwanderer, Kanufahrer und all so'n Tüch halt. Im Norden auf Tour zu sein, macht ihn manchmal so happy, dass ihm nachweislich schon das ein oder andere „Moin, Moin" zur Begrüßung rausgerutscht ist. (Sünde!) Er gilt unter Freunden und Bekannten aber auch als Sabbelkopp.

BILDNACHWEIS: S. 5, 25, 32, 40, 45, 51, 56, 57, 67, 76, 78, 101, 105, 111, 117, 121, 123 MargaritaS; S. 6, 11, 16-17, 24-25, 36-37, 38-39, 41, 48-49, 59, 74-75, 86-87, 90-91, 102-103, 108 Happy Art; S. 9, 125 Julia Henze; S. 10, 68, 73, 81, 97, 104, 111 oksanase; S. 13 MaKars; S. 14 Artur Balytskyi; S. 15 m.mphoto; S. 18-20 Axel Bueckert; S. 21, 29 dastagir; S. 26-27 Franzi; S. 26, 35, 44, 54, 64, 65 Artur Balytskyi; S. 30, 31, 52, 53, 82, 83 Le_Mon; S. 30, 52, 53, 82, 115 Robert Biedermann; S. 31, 83, 114 Miceking; S. 33 Anastasiia Guseva; S. 35 Azamat Fisun; S. 42-43 imageBROKER.com; S. 44 Suzanne Tucker; S. 61 Macrovector; S. 63 Pornchanok Anukoolprasert; S. 69, 70 MoreVecto; S. 77, 89, 92, 99, 116 L. Kramer; S. 79 alex74; S. 80: Wonder-studio; S. 80-81 VolodymyrSanych; S. 91 Food Impressions; S. 94 Navalnyi; S. 95 Xabi_L (Möwe), nikkimeel (Rose); S. 96 Redshinestudio; S. 106-107 Dmitry Egorov; S. 108 blackstroke; S. 112/113 Jacek Fulawka; S. 118 Sloth Astronaut; ©shutterstock.com; S. 23, 66 Artalis-Kartographie ©stock.adobe.com